DAS KNACKFRISCHE BUTTERKEKSBUCH

KNUSPRIGE REZEPTE
MIT DEN ORIGINAL
LEIBNIZ KEKSEN

KNACKFRISCH – DAS MUSS EIN LEIBNIZ SEIN

NATÜRLICH LEIBNIZ!

Welches Bild erscheint vor Ihrem inneren Auge, wenn Sie das Wort „Keks“ hören? Ist es ein eckiges oder rundes Gebäck, ist es weich oder knusprig, puristisch oder durch Zutaten wie Schokolade oder Nüsse ergänzt? Vielen kommt sicher der goldbraune, knusprige, rechteckige Keks mit den charakteristischen 52 Zähnen am Rand in den Sinn: Der Butter LEIBNIZ, das Synonym für den Butterkeks, wenn nicht gar das Sinnbild des Kekses schlechthin.

Leibniz – nur echt mit 52 Zähnen

Die Seemacht England war Vorreiter in Sachen Keks. Als die Briten im 18. und 19. Jahrhundert die Länder ihres großen Kolonialreichs mit dem Segelschiff ansteuerten, waren Kekse als Proviant mit an Bord. Die Briten bezeichneten das Kleingebäck mit dem aus dem Französischen entlehnten Namen „biscuits“, was „zweimal gebacken“ bedeutet. „Cake“ war und ist der englische Name für die großen Verwandten, die Kuchen. Die Mehrzahl dieses Namens – „Cakes“ – bürgerte sich in Deutschland Ende des 19. Jahrhunderts für das Kleingebäck ein.

VOM CAKE ZUM BUTTER LEIBNIZ

Dem Firmengründer von Bahlsen, Hermann Bahlsen (1859–1919), gebührt der Ruhm, das Produkt und auch die Bezeichnung Keks auf dem Kontinent bekannt gemacht zu haben: Er arbei-

tete als Kaufmann in England und lernte dort fabrikgefertigtes Gebäck kennen und schätzen. Er war so überzeugt von dem Produkt, dass er 1889 eine kleine hannoversche Backwarenfabrik übernahm, die er in Cakesfabrik H. Bahlsen umbenannte. Und sein Geschäftssinn und sein Geschmackssinn hatten Recht: Seine LEIBNIZ-Cakes waren auf Anhieb erfolgreich. Zwei Jahre nach ihrer Markteinführung gewannen sie 1893 auf der Weltausstellung in Chicago die Goldmedaille. Aber Hermann Bahlsen war auch ansonsten ein Mann, der Neuem gegenüber sehr aufgeschlossen war und ein gutes Gespür für zukünftige Trends hatte. Bereits 1898 warb er mit dem Slogan „Was ißt die Menschheit unterwegs? Na selbstverständlich LEIBNIZ-Cakes!“ für seine neue

Bahlsen-Plakat des Münchner Künstlers Paul Wagener, um 1893

1896

1911

1930

„Klein-Verzehr-Packung", die es ermöglichte, die Kekse überall hin mitzunehmen.

Woher kommt der Name „LEIBNIZ"? Zur damaligen Zeit war es üblich, Spezialitäten nach bekannten Persönlichkeiten zu benennen. Auf der Suche nach einem Markennamen fiel die Wahl auf den berühmtesten Sohn der Stadt Hannover, den Universalgelehrten Gottfried Wilhelm Leibniz (1646–1716), der vor allem als Philosoph und Mathematiker bedeutend war. Einem Mann, dem sich Hermann Bahlsen sehr verbunden fühlte, denn sie waren beide fortschrittliche Denker und in vielem ihrer Zeit voraus.

Ebenso bekannt wie der Name ist das weiße, auf rotem Grund stehende TET-Zeichen. Es wurde 1904 zusammen mit einer neuen Verpackung als Verschlusszeichen eingeführt. Das Zeichen ist von einer alt-ägyptischen Hieroglyphe abgeleitet und bedeutet „ewig-dauernd" – es versinnbildlicht die Haltbarkeit des verpackten Kekses. 1911 wurden dann die „Cakes" zu „Keks" eingedeutscht und das Wort in den Duden aufgenommen.

IM AUF UND AB DES 20. JAHRHUNDERTS

Im Jahr 1905 liefen TET-Verpackungen erstmals vom Fließband, in der ersten Anlage, die in Europa in Betrieb genommen wurde. Das Unternehmen Bahlsen nahm einen steilen Aufstieg und lieferte seine Kekse in über 30 Länder. Der Erste Weltkrieg, die Wirtschaftskrise und die Inflation bremsten die Erfolgsgeschichte. 1923 erreichte die Geldentwertung

1964

2001

Verpackung der Kekse an den Fließförderbändern um 1912

Cakesfabrik H. Balsen 1889 in Hannover

ihren Höhepunkt: Eine Packung LEIBNIZ-Keks kostete die Rekordsumme von 400 Milliarden Reichsmark. Im Zweiten Weltkrieg wurden Lebensmittel rationiert und die Rohstoffe knapp. Kekse gab es nur auf Brotmarken, Bahlsen produzierte Notverpflegung für die Wehrmacht und Knäckebrot. Wegen der Reduktion der Butterzuteilung musste ab 1944 die Produktion des LEIBNIZ-Kekses eingestellt werden. Erst im Jahr 1948 konnte der Butter LEIBNIZ wieder nach traditionellem Rezept gebacken werden – einem Rezept, das auch heute noch gilt: hochwertige natürliche Zutaten werden nach einem speziellen Knetverfahren verarbeitet und ofenfrisch verpackt. Nur so ist gewährleistet, dass der Keks seine knackige Frische lange Zeit behält.

DIE LEIBNIZ-FAMILIE

Mittlerweile gibt es verschiedene Variationen des klassischen LEIBNIZ-Butterkekses: Choco LEIBNIZ Vollmilch und Edelherb, Vollkorn LEIBNIZ sowie die LEIBNIZ Minis Butter, LEIBNIZ Minis Choco und LEIBNIZ Minis Vollkorn.

Natürlich schmecken die Kekse ganz einfach pur, doch warum nicht mal etwas Ausgefallenes mit den knusprigen Keksen versuchen? Neben dem bekannten „Kalten Hund" gibt es noch viele raffinierte Rezepte mit den Produkten der LEIBNIZ-Familie. Und falls Sie noch mehr über die LEIBNIZ-Kekse erfahren möchten, schauen Sie ins Internet: unter www.leibniz.de finden Sie allerlei Interessantes rund um die „Erfindungen" des Hermann Bahlsen.

CHOCO
LEIBNIZ
Bahlsen
BAHLSEN
LEIBNIZ
BUTTERKEKS
LEIBNIZ

EIN KUCHEN-BUFFET MIT 52 ZÄHNEN

Zuerst geht's auf den Hund!

Gemeint ist damit natürlich der Klassiker unter den Keks-Kuchen: der Kalte Hund! Denn hier kommt endlich das Original-LEIBNIZ-Rezept. Aber mit den knackfrischen Leibniz Keksen kann es auch sahnig zugehen oder amerikanisch oder ganz fruchtig - so ist für jeden etwas dabei! Und wer von Ihnen den LPG-Kuchen noch nicht kennt, sollte ihn unbedingt probieren: Er ist wirklich richtig gut!

KALTER HUND
SCHWARZ-WEISS

Zubereitungszeit: ca. 30 Minuten
Kühlzeit: mindestens 1 Stunde

Zutaten für 1 Kastenform (ca. 16 Stücke):

250 g Kokosfett
2 mittelgroße Eier
150 g Zucker
1 Prise Salz
50 g Kakaopulver
100 g gehackte Mandeln
Fett für die Form
150 g Butter LEIBNIZ
150 g weiße Kuvertüre
50 g Zartbitterkuvertüre

1 Das Kokosfett in einem Topf bei milder Hitze schmelzen lassen. Beiseite stellen und abkühlen lassen. Eier, Zucker und Salz mit den Schneebesen des Handrührgeräts schaumig schlagen. Kakao und gehackte Mandeln hinzufügen und nach und nach das Kokosfett unterrühren.

2 Eine Kastenform von ca. 20 cm Länge mit Alufolie auslegen und einfetten. Den Boden mit Butter LEIBNIZ bedecken, dann abwechselnd die Kokosfettmasse und die restlichen Kekse einschichten. Den kalten Hund mindestens 1 Stunde im Kühlschrank kalt stellen.

3 Anschließend den Kuchen aus der Form nehmen. Die weiße Kuvertüre zerkleinern und über einem heißen Wasserbad erhitzen. Den kalten Hund damit einstreichen. Die dunkle Kuvertüre hacken, ebenfalls schmelzen und als schwarze Flecken auf dem kalten Hund verteilen.

Tipp

Lassen Sie Ihrer Fantasie freien Lauf beim Dekorieren dieses Kuchens. Für Afrikaurlauber könnte es auch ein Zebra werden, für den Schachspieler bietet sich ein Schachbrettmuster an und in der Faschingszeit könnten ein lachendes und ein weinendes Harlekingesicht aufgemalt werden.

OBST TORTE
MIT VANILLE CREME

Zubereitungszeit: ca. 1 Stunde
Backzeit: ca. 25 Minuten
Kühlzeit: ca. 20 Minuten

Zutaten für 1 Torte (ca. 8 Stücke):

100 g Butter oder Margarine
200 g Zucker
1 mittelgroßes Ei
1/2 l Milch
150 g Mehl
1 TL Backpulver
100 g gemahlene Mandeln
Fett für die Form
1 P. Puddingpulver Vanille
250 g Sahne
1 Dose (425 ml) Aprikosen
250 g Erdbeeren
2 Kiwis
1 P. heller Tortenguss (klar)
100 g Butter LEIBNIZ

VARIATION

Sehr lecker schmeckt diese Torte auch mit einem Grießpudding statt des Vanillepuddings. Kochen Sie ca. 100 g Grieß in 1/2 l Milch mit einer Vanillestange und etwas Zucker auf, bis die Masse dicklich wird und lassen Sie sie gut abkühlen.

1 Das Fett mit 70 g Zucker cremig rühren. Das Ei und 100 ml Milch hinzufügen. Mehl, Backpulver und Mandeln mischen und mit den Schneebesen des Handrührgeräts unterrühren.

2 Eine Springform von 20 cm Durchmesser fetten, den Teig einfüllen und glatt streichen. Im vorgeheizten Backofen bei 175 °C (Umluft 150 °C; Gas Stufe 2) 25 Minuten backen. Auf einem Kuchengitter auskühlen lassen.

3 Das Vanillepuddingpulver mit 3 Esslöffel kalter Milch verrühren. Die restliche Milch mit 50 g Zucker erhitzen, das Puddingpulver einrühren und unter Rühren ca. 1 Minute köcheln lassen. Beiseite stellen und leicht abkühlen lassen. Die Sahne steif schlagen und unter den Pudding ziehen. Den Springformrand um den Boden legen, Vanillecreme einfüllen und glatt streichen. Die Torte ca. 20 Minuten kalt stellen.

4 Die Aprikosen abtropfen lassen, dabei den Saft auffangen und mit Wasser auf 1/4 l auffüllen. Die Aprikosen halbieren, die Erdbeeren waschen, putzen und ebenfalls halbieren. Die Kiwis schälen und in Scheiben schneiden.

5 Tortenguss, restlichen Zucker und Aprikosensaft in einem Topf erhitzen und aufkochen lassen. Die Hälfte des Gusses auf die Creme gießen. 50 g Butter LEIBNIZ grob zerbrechen. Die Früchte und die Butterkekse auf der Torte verteilen. Den restlichen Guss darüber streichen. Die restlichen Kekse grob hacken und an den Rand drücken.

KNUSPRIGE AMARETTO-MANDEL-MUFFINS

Zubereitungszeit: ca. 25 Minuten
Backzeit: ca. 25 Minuten

Zutaten für 1 Blech (12 Muffins):

250 g Mehl (Type 405)
1 EL Backpulver
1 Prise Salz
150 g gemahlene Mandeln
60 g Zucker
180 ml Milch
1 mittelgroßes Ei
50 ml Sonnenblumenöl
60 ml Mandellikör
(z. B. Amaretto)
evtl. Fett für das Blech
50 g LEIBNIZ Minis Butter
Puderzucker zum Bestäuben

1 Mehl, Backpulver, Salz, Mandeln und Zucker in einer Schüssel gründlich vermischen. In einer zweiten Schüssel Milch, Ei und Öl gut miteinander verrühren und mit den Knethaken des Handrührgeräts rasch unter die Mehlmischung rühren. Den Mandellikör zum Schluss unterrühren.

2 Ein Muffinblech fetten oder Papierförmchen in die Mulden setzen. Den Teig zweidrittelhoch einfüllen. Die LEIBNIZ Minis darauf setzen und leicht in den Teig drücken.

3 Im vorgeheizten Backofen bei 200 °C (Umluft 180 °C; Gas Stufe 3) 25 Minuten backen, bis die Muffins oben aufreißen. Das Blech aus dem Ofen nehmen, die Muffins 5 Minuten ruhen lassen und dann aus den Förmchen nehmen. Nach Belieben mit Puderzucker bestäuben. Am besten schmecken die Muffins noch lauwarm.

VARIATION

Versuchen Sie diese Knuspermuffins auch mal mit den folgenden Kombinationen: Banane und Bananenlikör, Rosinen und Weinbrand, Rumfrüchte und Rum oder Kokosflocken und Kokosmilch.

JOGHURT-SCHICHTTORTE MIT MANGO

Zubereitungszeit: ca. 1 Stunde
Kühlzeit: ca. 6 Stunden

Zutaten für 1 Form (ca. 16 Stücke):

200 g Butter LEIBNIZ
100 g Butter oder Margarine
Mehl für die Arbeitsfläche
Fett für die Form
150 g LEIBNIZ Minis Butter
12 Blatt weiße Gelatine
500 g Dickmilch
500 g Joghurt (3,5 % Fett)
50 g Zucker
5 EL Maracujasirup
1 P. Vanillezucker
250 g Sahne
3 Mangos
1 P. heller Tortenguss

1 Die Butter LEIBNIZ in einen Gefrierbeutel geben, diesen gut verschließen und die Kekse mit einem Nudelholz fein mahlen. Anschließend die Kekskrümel mit dem Fett verkneten. Die Arbeitsfläche mit etwas Mehl bestäuben und den Teig darauf ausrollen.

2 Eine Form (22 x 32 cm) einfetten, mit dem Teig auslegen und 30 Minuten kalt stellen. Danach 100 g der LEIBNIZ Minis gleichmäßig am Rand verteilen.

3 Die Gelatine in kaltem Wasser einweichen. Dickmilch, Joghurt, Zucker, Sirup und Vanillezucker zu einer Creme verrühren.

4 Die Gelatine ausdrücken und bei milder Hitze auflösen. Von der Creme 3 Esslöffel abnehmen und unter die Gelatine rühren. Diese Mischung dann unter die übrige Creme rühren und kalt stellen, bis sie zu gelieren beginnt.

5 Die Sahne steif schlagen, unter die Creme heben und in die vorbereitete Form füllen. 5 Stunden kalt stellen.

INFO

Mangos sind reif, wenn Sie auf Fingerdruck leicht nachgeben. Sie können aber unreife Früchte kaufen und sie zu Hause nachreifen lassen. Früchte mit schwarzen Stellen auf der Schale – besonders im Bereich des Stängels – sollten Sie im Geschäft liegen lassen, sie verderben bereits.

b Die Mangos schälen und in feinen Spalten vom Kern ablösen. Die Mangospalten fächerförmig auf der Torte verteilen. Den Tortenguss in $^{1}/_{4}$ l Wasser aufkochen und die Früchte damit gleichmäßig bestreichen. Die restlichen LEIBNIZ Minis dekorativ in den Guss stecken. Vor dem Servieren die Torte nochmals 20 Minuten kalt stellen.

CAPPUCCINOTORTE SURPRISE

Zubereitungszeit: ca. 1 Stunde
Backzeit: ca. 45 Minuten
Kühlzeit: ca. 20 Minuten

Zutaten für 1 Torte (16 Stücke):

200 g Butter LEIBNIZ
100 g Zartbitterschokolade
5 mittelgroße Eier
80 g Butter
2 EL Mehl (Type 405)
1/2 P. Backpulver
5 EL lösliches Espressopulver
5 EL Kaffeecremelikör
120 g Zucker
Fett für die Form
500 g Sahne
1 P. Vanillezucker

1 100 g Butter LEIBNIZ in einen Gefrierbeutel geben, diesen gut verschließen und die Kekse mit dem Nudelholz oder einem Fleischklopfer fein mahlen. Die Schokolade fein hacken. Die Eier trennen.

2 Die Butter schaumig rühren. Die Eigelbe einzeln unter die Butter rühren. Mehl, Backpulver, 2 Esslöffel Espressopulver und die gemahlenen Butterkekse hinzufügen. Die gehackte Schokolade mit 1 Esslöffel Kaffeecremelikör unterrühren. Die Eiweiße mit 50 g Zucker steif schlagen und vorsichtig unterziehen.

3 Den Teig in eine gefettete Springform von 26 cm Durchmesser füllen und glatt streichen. Im vorgeheizten Backofen bei 180 °C (Umluft 160 °C; Gas Stufe 2) 40–45 Minuten backen. Den Boden auf einem Kuchengitter ca. 20 Minuten abkühlen lassen.

4 Anschließend den Boden mit einem Löffel so aushöhlen, dass ca. 1 cm von Rand und Boden übrig bleibt. Den restlichen Kaffeelikör auf dem Rand und am Boden mit einem Pinsel gut verteilen. Den ausgelösten Boden grob zerkleinern. Die restlichen Butter LEIBNIZ ebenfalls grob zerkleinern und mit den Bodenbröseln mischen.

5 Die Sahne steif schlagen, dabei den restlichen Zucker und den Vanillezucker einrieseln lassen. Das restliche Espressopulver hinzufügen. Die Hälfte der Bröselmasse mit der Sahne vermischen und kuppelförmig in den ausgehöhlten Kuchen füllen. Die restlichen Brösel gleichmäßig darüber streuen und leicht andrücken.

FRISCHKÄSETORTE ROT-WEISS

Zubereitungszeit: ca. 40 Minuten
Kühlzeit: ca. 12 Stunden

Zutaten für 1 Torte (16 Stücke):

150 g Choco LEIBNIZ
100 g Butter oder Margarine
Fett für die Form
300 g entsteinte Süß- oder Sauerkirschen
50 ml Kirschsaft
150 g Zucker
200 g Frischkäse Doppelrahmstufe
150 g Joghurt (3,5 % Fett)
Saft von 1 Zitrone
5 Blatt Gelatine
500 g Sahne

1 100 g Choco LEIBNIZ zerkrümeln und mit dem Fett verkneten. Eine Springform von 26 cm Durchmesser gründlich einfetten, die Keksmasse fest am Boden andrücken und den Boden ca. 30 Minuten kalt stellen.

2 Die Kirschen mit Kirschsaft und 25 g Zucker kurz aufkochen lassen und anschließend pürieren. Abkühlen lassen. Frischkäse, Joghurt, restlichen Zucker und Zitronensaft verrühren.

3 Die Gelatine in kaltem Wasser mindestens 5 Minuten einweichen. Gut ausdrücken und in einem kleinen Topf bei milder Hitze auflösen. Die Gelatine in einem dünnen Strahl in die Käse-Joghurt-Masse einrühren, dabei gut umrühren. Die Sahne steif schlagen und mit einem Teigschaber unterziehen. Die Käse-Joghurt-Creme in die vorbereitete Springform füllen.

4 Das Kirschmark auf der Torte verteilen und mit einem Löffel zu einem dekorativen Muster verstreichen. Die Torte über Nacht in den Kühlschrank stellen.

5 Am nächsten Tag die Torte aus der Form lösen. Die restlichen Choco LEIBNIZ grob hacken und den Tortenrand damit verzieren.

Tipp

Der Zitronensaft in diesem Rezept darf nicht durch Zitronenaroma ausgetauscht werden. Die Frischkäsemasse würde sonst nicht die gewünschte Beschaffenheit erhalten.

ZWETSCHGENKUCHEN MIT PISTAZIEN-LEIBNIZ-STREUSELN

Zubereitungszeit: ca. 40 Minuten
Ruhezeit: ca. 1 Stunde
Backzeit: ca. 40 Minuten

Zutaten für 1 Blech (24 Stücke):

180 ml Milch
30 g frische Hefe
350 g Mehl
120 g Zucker
1 Prise Salz
150 g Butter
1 mittelgroßes Ei
1 1/2 kg Zwetschgen
Fett für das Blech
Mehl für die Arbeitsfläche
100 g Pistazien
150 g Butter LEIBNIZ
1 TL Zimt
1 Msp. Kardamom

INFO

Zwetschgen – auch Zwetschen genannt – haben im Gegensatz zu Pflaumen ein festeres Fruchtfleisch, das auch beim Kochen und Backen nicht zerfällt. Und sie sind schneller zubereitet, da sich der Stein leichter auslösen lässt.

1 Die Milch lauwarm erwärmen. Die Hefe zerbröckeln und in die Milch geben. Die Hefemilch ca. 15 Minuten gehen lassen.

2 Mehl, 80 g Zucker und Salz in einer Schüssel mischen. 50 g weiche Butter zu der Mehlmischung geben und mit den Knethaken des Handrührgeräts verkneten. Dabei die Hefemilch und das Ei nach und nach einrühren. Den fertigen Teig in einer Schüssel an einem warmen Ort zugedeckt ca. 30 Minuten gehen lassen.

3 In der Zwischenzeit die Zwetschgen waschen, kreuzweise einschneiden, an einer Seite aufschlitzen und den Stein entfernen.

4 Ein Backblech in der Größe 32 x 36 cm einfetten. Den Teig nochmals gut durchkneten und auf der bemehlten Arbeitsfläche ausrollen. Auf das Backblech legen, mit einem Tuch abdecken und erneut 15 Minuten gehen lassen.

5 Die Pistazien grob hacken. Die Butter LEIBNIZ ebenfalls grob hacken und mit der restlichen Butter und dem restlichen Zucker vermischen. Zimt, etwas Kardamom und die Pistazien hinzufügen. Mit den Händen so lange verkneten, bis Streusel entstehen.

b Die Zwetschgen dicht nebeneinander auf den Teig legen. Die Streusel darauf verteilen. Im vorgeheizten Backofen auf der 2. Schiene von unten bei 200 °C (Umluft 180 °C; Gas Stufe 3) 35–40 Minuten backen.

SPANISCHE VANILLETORTE

Zubereitungszeit: ca. 1 Stunde
Backzeit: ca. 45 Minuten

Zutaten für 1 Torte (16 Stücke):

150 g Butter LEIBNIZ
Fett für die Form
150 g Zartbitterkuvertüre
50 g gehackte Mandeln
130 g Mehl
6 mittelgroße Eier
100 g Butter
250 g Marzipanrohmasse
2 Vanilleschoten
150 g Zucker
50 g Aprikosenkonfitüre
50 g Puderzucker
50 g Kakaopulver
50 g weiße Kuvertüre

1 50 g Butter LEIBNIZ in eine Plastiktüte geben und mit dem Nudelholz fein mahlen. Eine Springform von 26 cm Durchmesser fetten und mit dem Keksmehl ausstreuen.

2 100 g Zartbitterkuvertüre grob hacken und in einer Schüssel mit den Mandeln und dem Mehl mischen. Die Eier trennen.

3 In einer zweiten Schüssel die Butter mit 100 g Marzipanrohmasse etwas verkneten und mit den Knethaken des Handrührgeräts schaumig schlagen. Die Vanilleschoten aufschlitzen, das Mark herausschaben. Vanillemark, 100 g Zucker und 1 Eigelb zur Marzipanmasse hinzufügen. Die restlichen Eigelbe nach und nach einrühren.

4 Die Eiweiße schaumig schlagen, dabei den restlichen Zucker einrieseln lassen. Den Eischnee mit einem Holzlöffel vorsichtig unter die Masse ziehen. Die Mehlmischung vorsichtig unterarbeiten, in die vorbereitete Form füllen und glatt streichen. Die Form in den vorgeheizten Backofen stellen und bei 180 °C (Umluft 160 °C; Gas Stufe 2) 45 Minuten backen.

5 Die Aprikosenkonfitüre erhitzen und durch ein Sieb streichen. Mit einem Pinsel auf die noch warme Torte streichen.

6 Die restliche Marzipanmasse mit dem Puderzucker verkneten und zu einem Kreis von 30 cm Durchmesser dünn ausrollen. MitHilfe eines Nudelholzes die ausgerollte Marzipanmasse aufnehmen, vorsichtig auf der Torte wieder abrollen und den Rand gut andrücken. Die Torte dick mit Kakaopulver bestäuben.

7 Die restliche Zartbitterkuvertüre und die weiße Kuvertüre getrennt über einem heißen Wasserbad schmelzen. Beide Schokoladensorten mit einem kleinen Löffel über die restlichen LEIBNIZ träufeln und fest werden lassen. Mit einem Messer 16 Stücke auf der Torte markieren und diese Stücke mit den Schokokeksen verzieren.

LPG-Kuchen

Zubereitungszeit: ca. 1 Stunde
Backzeit: ca. 25 Minuten
Kühlzeit: ca. 12 Stunden

Zutaten für 1 Kuchenblech (ca. 20 Stücke):

450 g Mehl (Type 405)
180 g Zucker
1 P. Backpulver
200 ml Mineralwasser mit Kohlensäure
200 ml Sonnenblumenöl
4 mittelgroße Eier
Fett für das Blech
420 ml Milch
1 P. Puddingpulver Vanille
200 g Butter
370 g Puderzucker
210 g Butter LEIBNIZ
5 EL Weinbrand (z. B. „Wilthener Goldkrone")
125 g Kokosfett
3 EL Kakaopulver

Info

LPG steht für „Landwirtschaftliche Produktionsgenossenschaft", also dem Zusammenschluss der landwirtschaftlichen Betriebe in der ehemaligen DDR. Und dort verstand man viel von leckeren Sachen für die Ernährung.

1 Mehl, Zucker und Backpulver in einer Schüssel mischen. Mineralwasser, Öl und Eier hinzufügen und mit den Schneebesen des Handrührgeräts zu einem glatten Teig verarbeiten.

2 Ein Backblech in der Größe 32 x 36 cm fetten und die Masse darauf glatt streichen. Im vorgeheizten Backofen auf der mittleren Schiene bei 200 °C (Umluft 180 °C; Gas Stufe 3) 25 Minuten goldbraun backen.

3 Inzwischen 2 Esslöffel kalte Milch mit dem Vanillepuddingpulver verrühren. Die restliche Milch aufkochen und das Puddingpulver unter Rühren in die Milch geben. Etwa 1 Minute bei milder Hitze köcheln lassen. Beiseite stellen und abkühlen lassen.

4 Mit den Schneebesen des Handrührgeräts 200 g Butter und 120 g Puderzucker zu einer schaumigen Masse schlagen. Den abgekühlten Pudding unterrühren. Dabei darauf achten, dass der Pudding und die Buttermasse die gleiche Temperatur haben.

5 Den Kuchen aus dem Ofen nehmen und auskühlen lassen. Die Buttercreme darauf verteilen und mit einer Teigkarte glatt streichen.

b Die Butter LEIBNIZ mit 3 Esslöffel Weinbrand beträufeln und dicht nebeneinander auf der Buttercreme auslegen. Das Kokosfett in einem Topf schmelzen und etwas abkühlen lassen. 250 g Puderzucker, den restlichen Weinbrand, Kakaopulver und 2 Esslöffel Wasser verrühren. Das Kokosfett nach und nach vorsichtig unterrühren. Den Guss gleichmäßig auf die LEIBNIZ Kekse gießen. Den LPG-Kuchen über Nacht kühl stellen.

BAHLSEN
LEIBNIZ
BUTTERKEKS

KNACK-FRISCHES EISVERGNÜGEN

Hier wird dem Eisfan warm ums Herz!

Gehören Sie auch zu den Eisliebhabern? Und finden es toll, wenn es nicht immer „Fürst Pückler“ ist? Da haben wir etwas für Sie! Wie wäre es denn hiermit: Eisauflauf mit gemischten Beeren, Eisgugelhupf oder vielleicht doch lieber das LEIBNIZ-Cruncheis mit heißen Kirschen? Endlich gibt es neue Rezeptideen rund um den Eisbecher. Denn die großen und kleinen LEIBNIZ Kekse passen perfekt zu Vanille-, Schokoladen- oder Joghurteis!

EISAUFLAUF MIT BEEREN

Zubereitungszeit: ca. 25 Minuten
Kühlzeit: ca. 1 Stunde

Zutaten für 6 Portionen:

500 ml Joghurteis
250 g Erdbeeren
250 g Himbeeren
250 g Heidelbeeren
80 g Zucker
50 ml Johannisbeerlikör
(z. B. Creme de Cassis)
100 g LEIBNIZ Minis Choco

1 Das Joghurteis leicht antauen lassen. Die Erdbeeren waschen, entstielen und halbieren. Die Himbeeren und die Heidelbeeren waschen. Alle Beeren in einer Schüssel mit dem Zucker und dem Likör vermischen und 15 Minuten ziehen lassen.

2 Eine Kastenform mit 1,5 l Inhalt mit Frischhaltefolie auslegen. Das Joghurteis zur Hälfte in die Form streichen. Die Hälfte der Beeren darauf geben und 50 g der kleinen LEIBNIZ Minis Choco darauf verteilen. Das restliche Joghurteis einschichten. Die restlichen Beeren darauf verteilen und mit den restlichen 50 g LEIBNIZ Minis Choco dekorieren. 1 Stunde im Tiefkühlfach gefrieren lassen.

3 Anschließend den Eisauflauf aus der Form nehmen, die Frischhaltefolie entfernen und sofort servieren.

TIPP

Wenn Sie tiefgefrorene, ungesüßte Beeren nehmen, lassen Sie diese erst auftauen, um sie mit dem Zucker und dem Likör anzusetzen. Sind die Früchte bereits gesüßt, geben Sie sie gefroren auf das Eis und verteilen den Likör darauf.

KEKSTÖRTCHEN
MIT ZITRONENEIS

Zubereitungszeit: ca. 20 Minuten
Kühlzeit: ca. 1 Stunde

Zutaten für 6 Törtchen:

200 g Butter LEIBNIZ
150 g Butter oder Margarine
500 ml Zitroneneis
200 g Sahne

1 Die Butter LEIBNIZ in einen Gefrierbeutel geben, diesen fest verschließen und die Kekse mit einem Nudelholz fein mahlen. Das Keksmehl mit dem Fett verkneten.

2 Nun 6 Torteletförmchen mit ca. 8 cm Durchmesser mit Frischhaltefolie auslegen und Teig mit den Fingern in den Förmchen verteilen. Die Ränder gut andrücken.

3 Das Eis leicht antauen lassen und in die Förmchen streichen. Die Törtchen 1 Stunde ins Tiefkühlfach stellen.

4 Die Sahne steif schlagen, in einen Spritzbeutel mit gezackter Tülle füllen und die Törtchen mit Sahnetuffs dekorieren.

TIPP

Wenn Sie keinen Spritzbeutel haben, der Sahne aber trotzdem eine andere Form geben möchten, können Sie die Sahne auch in einen Gefrierbeutel geben. Schneiden Sie unten eine kleine Ecke des Beutels ab und verteilen Sie die Sahne spiralförmig auf dem Eis.

EIS GUGELHUPF

Zubereitungszeit: ca. 35 Minuten
Kühlzeit: mindestens 8 Stunden

Zutaten für 1 Gugelhupf (ca. 16 Stücke):

750 ml Joghurteis
750 ml Erdbeereis
400 g Sahne
5 EL Waldmeistersirup
100 g LEIBNIZ Minis Choco

1 Das Joghurt- und das Erdbeereis leicht antauen lassen. Anschließend das Eis mit einem Messer in Würfel schneiden und beide Sorten getrennt mit den Knethaken des Handrührgeräts glatt rühren.

2 Die Sahne steif schlagen und zu gleichen Teilen unter die beiden Eissorten ziehen. Unter das Joghurteis den Waldmeistersirup mischen.

3 Beide Eissorten abwechselnd in eine Gugelhupfform mit 2 l Inhalt füllen und mit einer Gabel so ineinander vermischen, dass eine hübsche Marmorierung entsteht. Die Form für mindestens 8 Stunden in das Tiefkühlfach stellen.

4 Nach der Kühlzeit die Form herausnehmen, kurz in heißes Wasser tauchen und auf eine Platte stürzen.

5 $^2/_3$ der LEIBNIZ Minis grob hacken und über den Gugelhupf streuen. Die restlichen Kekse dekorativ auf dem Gugelhupf verteilen.

VARIATION

Für Schokofans: Tauschen Sie die oben genannten Eissorten gegen Stracciatella- und Schokoladeneis aus. Statt des Waldmeistersirups rühren Sie dann in Likör eingelegte Kirschen unter das Schokoladeneis.

EISBECHER „LEIBNIZ"

Zubereitungszeit: ca. 10 Minuten
Kühlzeit: ca. 5 Minuten

Zutaten für 4 Portionen:

250 g Sahne
500 ml Karamell- oder Vanilleeis
50 g LEIBNIZ Minis Butter
50 g LEIBNIZ Minis Choco
100 g Amarenakirschen
nach Belieben 4-5 EL Mandellikör (z. B. Amaretto)

1 Zuerst 4 Eisbecher für 5 Minuten ins Tiefkühlfach stellen. Das Karamelleis leicht antauen lassen, sodass man gut Kugeln abstechen kann. Die Sahne steif schlagen.

2 Mit einem Eisportionierer 12 Eiskugeln abstechen und 3 Kugeln in jeden Becher geben. Die beiden Sorten LEIBNIZ Minis, die steif geschlagene Sahne und die Amarenakirschen darauf verteilen. Nach Belieben den Mandellikör darüber träufeln und sofort servieren.

TIPP

Klar, es geht schneller, wenn die Sahne mit dem Handrührgerät geschlagen wird, aber luftiger wird sie beim Schlagen von Hand mit dem Schneebesen. Wenn Sie trotzdem das elektrische Handrührgerät einsetzen, beginnen Sie auf kleinster Stufe und schalten Sie zum Steifschlagen auf die mittlere Stufe.

EISTORTE
„LEIBNIZ MINIS CHOCO"

Zubereitungszeit: ca. 50 Minuten
Backzeit: ca. 25 Minuten
Kühlzeit: mindestens 4 Stunden

Zutaten für 1 Eistorte (ca. 16 Stücke):

50 g Zucker
200 g Butter
6 mittelgroße Eier
300 g Mehl (Type 405)
1 EL Backpulver
1 Prise Salz
Fett für die Form
250 ml Schokoladeneis
250 ml Erdbeereis
250 ml Vanilleeis
60 ml Amaretto
150 g LEIBNIZ Minis Choco

INFO

„Den Eischnee vorsichtig unterheben" – dies ist eine typische Forderung in Backbüchern. Dadurch soll verhindert werden, dass die zuvor in die Sahne oder den Eischnee eingeschlagene Luft jetzt wieder herausgerührt wird. Das geht am besten mit einem Schneebesen.

1 Den Zucker und die Butter schaumig rühren. Die Eier trennen. Die Eigelbe einzeln unter die Buttermasse rühren. Die Eiweiße mit den Schneebesen des Handrührgeräts schaumig schlagen. Mehl mit Backpulver und Salz mischen und nach und nach unter die Buttermasse rühren. Den Eischnee vorsichtig unterheben.

2 Eine Springform von 26 cm Durchmesser fetten, den Teig in die Form füllen und mit einem Spachtel glatt streichen. Im vorgeheizten Backofen bei 180 °C (Umluft 160 °C; Gas Stufe 2) 25 Minuten backen.

3 Nach der Backzeit den Boden herausnehmen und auf einem Kuchengitter auskühlen lassen. In der Zwischenzeit Schokoladen-, Erdbeer- und Vanilleeis antauen lassen, bis es streichfähig ist.

4 Anschließend den Kuchenboden aus der Form lösen und mit einem langen Messer waagerecht durchschneiden. Beide Kuchenhälften auf der Innenseite mit Amaretto tränken.

5 Die Springform mit Backpapier auslegen, den Rand mit Papier umlegen. Das Schokoladeneis hineinfüllen, gleichmäßig verteilen und glatt streichen. 80 g LEIBNIZ Minis Choco grob hacken und die Hälfte auf das Schokoladeneis

streuen. Den ersten getränkten Boden darauf setzen und darauf das Erdbeereis glatt streichen. Mit den restlichen Kekskrümeln bestreuen. Den zweiten getränkten Boden darauf setzen, das Vanilleeis darauf verteilen und glatt streichen. Mit den restlichen LEIBNIZ hübsch dekorieren. Mindestens 4 Stunden im Tiefkühlfach gefrieren lassen.

BANANEN-HEIDELBEER-EIS MIT LEIBNIZKROKANT

Zubereitungszeit: ca. 45 Minuten

Zutaten für 4 Portionen:

160 g Zucker
Saft von 2 Zitronen
3 Bananen
500 g tiefgefrorene Heidelbeeren
100 g Butter LEIBNIZ
Fett für die Alufolie

1 In einem kleinen Topf 80 g Zucker mit 50 ml Wasser und dem Zitronensaft zu einem Sirup einkochen und etwas abkühlen lassen.

2 Die Bananen in Stücke schneiden und zusammen mit den tiefgefrorenen Heidelbeeren mit einem Pürierstab zerkleinern. Den Sirup hinzufügen. Sirup, Bananen und Heidelbeeren in eine Schüssel füllen und 30 Minuten im Tiefkühlfach gefrieren lassen, dabei gelegentlich umrühren.

3 Inzwischen 80 g Zucker in einer Pfanne bei milder Hitze unter Rühren schmelzen und goldgelb werden lassen. Die Butter LEIBNIZ grob hacken. Ein Stück Alufolie fetten. Die LEIBNIZ und das Karamell in der Pfanne mischen und auf die Alufolie gießen. Gut verstreichen und abkühlen lassen.

4 Das Karamell mit einem Nudelholz oder einem Messer zerkleinern. Das Eis aus dem Tiefkühlfach nehmen. Einen Esslöffel in heißes Wasser tauchen und Eisnocken abstechen. In Bechern anrichten und mit dem Kekskrokant garnieren.

INFO

Krokant besteht eigentlich aus zerkleinerten Nüssen in karamellisiertem Zucker. Diese Variante mit dem Butterkeks ist ebenso köstlich und dazu noch etwas fettärmer.

EISKALTER HUND

Zubereitungszeit: ca. 35 Minuten
Kühlzeit: mindestens 8 Stunden

Zutaten für 1 Kastenform (ca. 16 Stücke):

500 ml Vanilleeis
500 ml Schokoladeneis
400 g Sahne
200 g Butter LEIBNIZ
3 EL Kakaopulver
2 EL Puderzucker

1 Das Vanille- und das Schokoladeneis etwas antauen lassen, sodass sie geschnitten werden können. Die beiden Eissorten getrennt in Würfel schneiden und mit den Knethaken des Handrührgeräts zu einer streichfähigen Masse rühren.

2 Die Sahne steif schlagen und zu gleichen Teilen unter die beiden Eissorten heben.

3 Eine Kastenform von 30 cm Länge mit Frischhaltefolie auslegen. Eine Schicht Butter LEIBNIZ auf dem Boden der Form auslegen. Abwechselnd Vanilleeis, Butter LEIBNIZ und Schokoladeneis einschichten. Mindestens 8 Stunden (am besten über Nacht) im Tiefkühlfach gefrieren lassen.

4 Das Eis mit der Folie auf eine Platte heben und dann die Folie entfernen. Mit Kakaopulver und Puderzucker bestäuben. Zum Servieren in Stücke schneiden.

TIPP

Eis lässt sich besser mit einem nassen Messer schneiden. Tauchen Sie es einfach vor und während des Schneidens immer mal wieder in Wasser ein.

CRUNCHEIS
MIT HEISSEN KIRSCHEN

Zubereitungszeit: ca. 35 Minuten
Kühlzeit: ca. 15 Minuten

Zutaten für 8 Portionen:

100 g Butter LEIBNIZ
150 g Zucker
500 ml Vanilleeis
1 Vanilleschote
300 ml Rotwein
1/2 TL Zimt
1 EL Speisestärke
600 g entsteinte Sauerkirschen

1 Die LEIBNIZ Butterkekse grob hacken. 60 g Zucker in einer trockenen Pfanne bei milder Hitze schmelzen lassen. Sobald das Karamell eine goldgelbe Farbe angenommen hat, die LEIBNIZ untermischen. Die Keks-Karamell-Mischung auf ein gefettetes Stück Alufolie geben und erkalten lassen. Währenddessen das Eis leicht antauen lassen.

2 Den Kekskrokant grob hacken und unter das angetaute Eis mischen. Diese Mischung nochmals für ca. 15 Minuten im Tiefkühlfach gefrieren lassen.

3 In der Zwischenzeit die Vanilleschote aufschlitzen und das Mark herauskratzen. Rotwein mit Vanillemark, restlichem Zucker und Zimt aufkochen. Die Speisestärke mit 2 Esslöffel kaltem Wasser anrühren und in die kochende Flüssigkeit rühren. 1 Minute unter ständigem Rühren köcheln lassen, dann die Kirschen dazugeben. Die heißen Kirschen sofort mit dem Eis servieren.

TIPP

Bei der Zubereitung von Karamell sollte man sich nicht ablenken lassen, denn der Zucker verbrennt sehr leicht. Geben Sie den Zucker bei milder Hitze in die bereits warme Pfanne. Lassen Sie unter Rühren mit einem Kochlöffel den Zucker zunächst schmelzen, dann leicht bräunen.

CHOCO
LEIBNIZ

DER KNUSPERNDE ABSCHLUSS

Diese Desserts gehen immer!

Je schöner das Essen, desto wichtiger ist das Dessert. Wenn es schnell gehen soll, kann man die LEIBNIZ Kekse natürlich auch so knabbern, aber sehr viel eindrucksvoller wird's mit dem Butterkeks-Birnen-Strudel, den schnellen Holzfällerschnitten oder dem Himbeer-Keks-Trifle mit Vanillesauce. Und kennen Sie schon die neue Nord-Süd-Allianz: der alpenländische Germknödel, veredelt durch die hannoveranersche Knuspermohnhaube?

BIRNENSTRUDEL MIT MACADAMIANÜSSEN

Zubereitungszeit: ca. 1 Stunde
Ruhezeit: 2 Stunden

Zutaten für 1 Strudel (ca. 12 Stücke):

350 g Mehl (Type 405)
1 Prise Salz
2 EL Öl
150 g Butter LEIBNIZ
1 1/2 kg Birnen
Saft von 2 Zitronen
75 g helle Sultaninen
75 g Zucker
50 g ungesalzene, geschälte Macadamianüsse (z. B. im Reformhaus erhältlich)
1 TL Zimt
200 g Crème fraîche
60 g Butter
50 g Puderzucker

INFO

Macadamianüsse gelten als die feinste und wohlschmeckendste Nussart überhaupt, sie sind daher auch nicht preiswert. Wegen ihres hohen Fettgehaltes werden sie wie alle Nüsse leicht ranzig und sollten deshalb nicht lange gelagert werden.

1 Das Mehl mit Salz, 1 Esslöffel Öl und 100 ml lauwarmem Wasser mit den Knethaken des Handrührgeräts zu einem geschmeidigen Teig verarbeiten. Zu einer Kugel formen und mit 1 Esslöffel Öl bestreichen. Den Teig in Folie wickeln und ca. 2 Stunden bei Raumtemperatur ruhen lassen.

2 In der Zwischenzeit die Butter LEIBNIZ grob hacken. Die Birnen schälen, vierteln, vom Kerngehäuse befreien und in dünne Spalten schneiden. Die Birnenspalten sofort mit dem Zitronensaft beträufeln. Sultaninen, Zucker, Macadamianüsse, Zimt und Crème fraîche mischen. Die Butter in einem kleinen Topf erwärmen und warm halten.

3 Den Teig auf einem großen bemehlten Küchentuch möglichst dünn ausrollen. Mit etwas flüssiger Butter bestreichen. Den Teig vorsichtig über den Handrücken auseinander ziehen, sodass er gleichmäßig dünn ist (siehe auch S. 93).

4 Nochmals mit flüssiger Butter bestreichen und 2/3 der gehackten LEIBNIZ Butterkekse darauf geben. Dabei den Rand frei lassen. Die Crème fraîche-Masse auf den LEIBNIZ verteilen. Die Teigränder einschlagen und den Strudel mithilfe des Küchentuches aufrollen.

5 Ein Backblech mit Backpapier auslegen. Den Strudel darauf legen und mit der flüssigen Butter bestreichen. Im vorgeheizten Backofen auf mittlerer Schiene bei 220 °C (Umluft 200 °C; Gas Stufe 4) 30–35 Minuten backen.

6 Den Strudel 10 Minuten vor Ende der Backzeit nochmals mit der restlichen Butter bestreichen. Mit den übrigen Butter LEIBNIZ bestreuen und fertig backen. Aus dem Backofen nehmen und noch heiß mit Puderzucker bestäuben.

RHABARBER-LEIBNIZ-CRUMBLE

Zubereitungszeit: ca. 40 Minuten
Backzeit: ca. 15 Minuten

Zutaten für 1 Tarteform (6 Portionen):

1 kg Rhabarber
180 g Butter
130 g Zucker
Saft von 1 Zitrone
100 ml Weißwein
1 TL Zimt
1 P. Vanillezucker
150 g Butter LEIBNIZ
100 g gemahlene Mandeln
1 Vanilleschote
1/2 l Milch
1 EL Speisestärke
1/2 TL Muskatblütenpulver (Macis) oder eine kleinere Menge Muskatnuss
1 mittelgroßes Eigelb

INFO

Muskatblüten, auch Macis genannt, sind die getrockneten Fäden des orangeroten Samenmantels der Muskatnuss. Sie schmecken etwas milder als die Muskatnuss und werden daher bevorzugt für feine Speisen eingesetzt. Sie müssen aber immer mitgekocht werden.

1 Den Rhabarber putzen und in ca. 3 cm große Stücke schneiden. In einen flachen, großen Topf 80 g Butter und 80 g Zucker geben und unter Rühren bei kleiner Hitze goldbraun werden lassen. Die Rhabarberstücke hinzufügen. Mit Zitronensaft und Weißwein ablöschen und ca. 10 Minuten köcheln lassen. Mit Zimt und Vanillezucker würzen.

2 Die Rhabarberstücke herausnehmen und den Saft auf 1/3 einkochen lassen. Das Rhabarberkompott in eine Tarteform mit 20 cm Durchmesser füllen.

3 Die LEIBNIZ Kekse grob hacken und mit der restlichen Butter und den Mandeln zu Streuseln verkneten. Auf den Rhabarber streuen. Im vorgeheizten Backofen bei 200 °C (Umluft 180 °C; Gas Stufe 3) 15 Minuten überbacken, bis die Streusel goldbraun sind.

4 Die Vanilleschote längs aufschlitzen und das Mark herauskratzen. 2 Esslöffel kalte Milch und die Speisestärke verrühren. Das Vanillemark mit der restlichen Milch, der Muskatblüte und 50 g Zucker zum Kochen bringen. Die Speisestärke unter Rühren in die kochende Flüssigkeit einrühren. Das Eigelb hinzufügen und unterschlagen. Die Sauce nicht mehr aufkochen lassen. Noch warm mit dem Gratin servieren.

HOLZFÄLLER-SCHNITTEN

Zubereitungszeit: ca. 25 Minuten
Backzeit: 10 Minuten

Zutaten für 40 Schnitten:

1 Dose (850 ml) Pfirsiche
1/2 l Milch
50 g Zucker
1 P. Puddingpulver Vanille
2 mittelgroße Eigelb
40 Butter LEIBNIZ
50 g Mandelstifte

1 Die Pfirsiche abgießen, auf einem Sieb gut abtropfen lassen und in dünne Scheiben schneiden.

2 3 Esslöffel kalte Milch, Zucker und Vanillepuddingpulver verrühren. Die restliche Milch erhitzen, kurz aufkochen lassen und das Vanillepuddingpulver unter Rühren hinzufügen. 1 Minute unter ständigem Rühren kochen lassen. Dann das Eigelb unterrühren.

3 Die Butter LEIBNIZ auf einem mit Backpapier ausgelegten Backblech verteilen und mit je 1 Esslöffel Pudding bestreichen.

4 Die Pfirsichscheiben darauf verteilen und mit den Mandelstiften bestreuen. Im vorgeheizten Backofen bei 180 °C (Umluft 160 °C; Gas Stufe 2) 10 Minuten backen. Aus dem Backofen nehmen und noch warm servieren.

VARIATION

Sehr lecker sind auch folgende Holzfällerschnitten: gedünsteter Apfel auf Schokoladenpudding, Aprikose auf Milchreis, Bananenscheiben auf Bananenpudding.

HIMBEER-LEIBNIZ-TRIFLE
MIT VANILLESAUCE

Zubereitungszeit: ca. 25 Minuten

Zutaten für 6 Portionen:

200 g Choco LEIBNIZ
500 g Himbeeren
100 g Zucker
3 EL Vanillelikör
50 g Mandelblättchen
400 ml Milch
1/2 P. Puddingpulver Vanille

1 Die Choco LEIBNIZ grob zerbrechen. 1/3 der Kekse in eine Form von ca. 20 x 20 cm legen.

2 Die Himbeeren vorsichtig waschen und gut abtropfen lassen. Dann die Beeren mit 50 g Zucker bestreuen und mit Vanillelikör beträufeln. Abwechselnd die LEIBNIZ Kekse und die Himbeeren einschichten, sodass 3 Schichten entstehen. Die Mandeln in einer Pfanne ohne Fett rösten und darüber streuen.

3 Anschließend 3 Esslöffel Milch mit dem Vanillepuddingpulver verrühren. Die restliche Milch und den restlichen Zucker in einem Topf erhitzen. Das Puddingpulver einrühren und 1 Minute unter Rühren kochen lassen.

4 Das Trifle mit der warmen Vanillesauce servieren.

INFO

Trifle heißt in der Übersetzung „Kleinigkeit" und ist der Name eines englischen Desserts aus Himbeerkonfitüre auf Biskuitteig mit einer süßen Creme. Wie beim Original kann auch bei dieser LEIBNIZ-Variante Sherry benutzt werden, wenn kein Vanillelikör zur Hand ist.

GERMKNÖDEL MIT KNUSPERMOHN

Zubereitungszeit: ca. 1 Stunde
Ruhezeit: 1, 5 Stunden

Zutaten für 4 Germknödel:

300 g Mehl (Type 405)
8 EL Milch
25 g frische Hefe
2 EL Zucker
100 g Butter
etwas Salz
1 mittelgroßes Eigelb
4 EL Kirschkonfitüre
2 EL Mandellikör
(z. B. Amaretto)
1 EL Zimt
150 g Butter LEIBNIZ
60 g gemahlener Mohn

1 Das Mehl in eine große Schüssel geben. Die Milch in einem kleinen Topf erwärmen, mit der zerbröselten Hefe (österreichisch: Germ) und dem Zucker glatt rühren und über das Mehl gießen.

2 Von der Butter 3 Esslöffel abnehmen und bei kleiner Hitze flüssig werden lassen. 1 Prise Salz, das Eigelb und die flüssige Butter zu der Mehlmischung geben und mit den Knethaken des Handrührgeräts zu einem glatten Teig verarbeiten. Den Teig mit einem Tuch abdecken und an einem warmen Ort 1 Stunde gehen lassen.

3 Kirschkonfitüre, Mandellikör und Zimt gut verrühren. Den Teig in 4 gleich große Stücke teilen und etwas breit drücken. Je 1 Esslöffel Kirschkonfitüre in die Mitte der Stücke legen und diese zu Knödeln formen. Die Knödel auf ein bemehltes Brett legen und zugedeckt nochmals 30 Minuten gehen lassen.

4 In einem großen Topf leicht gesalzenes Wasser köcheln lassen. Die Knödel hineingeben, gut 5 Minuten garen, umdrehen und auf der anderen Seite ebenfalls 5 Minuten garen. Sie sind fertig, wenn an einem hineingesteckten Holzstäbchen kein Teig mehr hängen bleibt.

VARIATION

Die ursprüngliche Variante des Germknödels sieht Pflaumenmus als Füllung vor. Ebenfalls sehr typisch sind Aprikosen- und Apfelmus. Ein Muss ist auf jeden Fall die flüssige Butter zum Schluss und die Zucker-Mohn-Haube.

5 Die restliche Butter in einem Topf erhitzen. Die Butter LEIBNIZ grob hacken, zusammen mit dem Mohn in die Butter geben und gut verrühren. Die Germknödel mit einem Schaumlöffel aus dem Topf heben, gut abtropfen lassen und auf vorgewärmten Tellern mit den Knusperbröseln und der flüssigen Butter servieren.

WARMER APFELAUFLAUF
MIT VANILLESAUCE

Zubereitungszeit: ca. 25 Minuten
Backzeit: ca. 25 Minuten

Zutaten für 1 Auflaufform (6 Portionen):

Fett für die Form
200 g Butter LEIBNIZ
75 g helle Sultaninen
1 kg Äpfel (z. B. Cox Orange)
Saft von 1 Zitrone
1 TL Zimt
50 g Zucker
3 EL Butter
1/4 l Milch
1 P. Saucenpulver Vanille ohne Kochen

1 Eine Auflaufform mit ca. 1 1/2 l Inhalt fetten. Die Butter LEIBNIZ grob hacken und 2/3 auf dem Boden der Form verteilen.

2 Die Sultaninen waschen und trocknen. Die Äpfel schälen, vierteln, vom Kerngehäuse befreien und in Spalten schneiden. Die Apfelscheiben in einen Topf geben und mit Zitronensaft, Zimt, Sultaninen und Zucker 10 Minuten weich dünsten. In die Auflaufform geben und mit den restlichen Keksen bestreuen. Die Butterflöckchen darauf verteilen.

3 Den Auflauf im vorgeheizten Backofen bei 200 °C (Umluft 180 °C; Gas Stufe 3) ca. 25 Minuten backen.

4 Die Milch und das Saucenpulver mit den Schneebesen des Handrührgeräts auf höchster Stufe ca. 1 Minute cremig schlagen. Zu dem warmen Apfelauflauf servieren.

INFO

Rosinen, Sultaninen, Korinthen – kennen Sie die Unterschiede? Rosinen ist der Sammelbegriff für alle getrockneten Weinbeeren. Sultaninen sind die getrockneten, sehr saftigen, honigsüßen und hocharomatischen Beeren der Sultana-Rebe und kommen meist aus Griechenland. Korinthen, benannt nach der griechischen Stadt Korinth, sind süßsäuerlich aromatisch schmeckende, etwas kleinere Beeren. Alle getrockneten Weinbeeren sollten vor der Verwendung gründlich gewaschen werden.

BIRNENSCHNITTEN MIT PREISELBEEREN

Zubereitungszeit: 30 Min.

Zutaten für 16 Schnitten:

4 Birnen (ca. 500 g)
1/2 l Birnensaft
Saft von 2 Zitronen
2 P. heller Tortenguss (klar)
16 Butter LEIBNIZ
100 g Preiselbeeren (aus dem Glas)
400 g Sahne
1 P. Vanillezucker
1 TL Zimt

1 Die Birnen schälen, vierteln und vom Kerngehäuse befreien.

2 Den Birnen- und den Zitronensaft kurz aufkochen. Die Birnen dazugeben und mit geschlossenem Deckel ca. 5 Minuten bei milder Hitze köcheln lassen. Die Birnen herausnehmen und gut abtropfen lassen.

3 Den Tortenguss in die Flüssigkeit einrühren und kurz aufkochen lassen.

4 Die Butterkekse auf einer Platte nebeneinander legen und dünn mit der Hälfte des Gusses bestreichen. Die Birnenviertel in Fächer schneiden und auf den Butter LEIBNIZ verteilen. Mit dem restlichen Guss bestreichen. Jeden Birnenkeks mit 1 Esslöffel Preiselbeeren dekorieren.

5 Die Sahne mit dem Vanillezucker und dem Zimt steif schlagen und zu den Birnenschnitten servieren.

INFO

Preiselbeeren enthalten viel Säure. Sie schmecken herb-säuerlich zusammenziehend und werden daher nicht roh gegessen. Als Kompott oder Konfitüre verleihen sie jedoch vielen Süß-, aber auch Fleischspeisen eine besondere Raffinesse.

VOLLKORN
LEIBNIZ
BUTTERKEKS
LEIBNIZ

EINFACH VOLLKORN-LECKER!

Wer ihn kennt, der liebt ihn: den Vollkorn LEIBNIZ!

Mögen Sie die Frische von Orangen? Dann sollten Sie die Orangentörtchen probieren. Oder stehen Sie mehr auf Zimt? Dann wäre die Apfelvollkorntarte das Richtige für Sie. Oder soll es mal wieder etwas ganz Besonderes sein? Vielleicht die Walnusstorte oder doch lieber die Honigerdbeeren auf Limettenquark-LEIBNIZ?! Knackfrisch und vollkornlecker sind sie jedenfalls alle, die Rezepte in diesem Kapitel.

MÜSLIschnitten

Zubereitungszeit: ca. 25 Minuten
Backzeit: 10 Minuten

Zutaten für 16 Müslischnitten:

150 g getrocknete Aprikosen
75 g Trockenpflaumen
30 g Sultaninen
150 g gehackte Mandeln
100 g Kokosflocken
75 g Butter
150 g Sahne
100 g flüssiger Honig
150 g zarte Haferflocken
32 Vollkorn LEIBNIZ

1 Aprikosen, Trockenpflaumen und Sultaninen in einem Mixer zerkleinern. Mandeln und Kokosflocken dazugeben. Butter, Sahne und Honig in einen kleinen Topf geben, erhitzen und aufkochen lassen. Die zerkleinerten Trockenfrüchte und die Haferflocken hinzufügen und kurz mitköcheln lassen.

2 Die Hälfte der Vollkorn LEIBNIZ auf einem mit Backpapier ausgelegten Backblech verteilen. Je 2 Esslöffel der Müslimasse darauf verteilen. Die restlichen Kekse als Deckel darauf setzen und im vorgeheizten Backofen bei 160 °C (Umluft 140 °C; Gas Stufe 1) 10 Minuten backen. Vor dem Verzehr gut auskühlen lassen.

INFO

Diese Müslischnitten sind wahre Energiepakete und daher genau das Richtige zum Wiederaufbau der Kraftreserven. Sie haben die richtige Mischung an einfachen und komplexen Kohlenhydraten und sorgen daher sowohl für den schnellen Energiekick, als auch langfristig für die richtige Dynamik.

VOLLKORN

ORANGENTÖRTCHEN

Zubereitungszeit: ca. 45 Minuten
Backzeit: 15 Minuten

Zutaten für 8 Törtchen:

4 Scheiben Tiefkühl-Blätterteig (300 g)
Mehl zum Ausrollen
Fett für die Förmchen
Trockenerbsen zum Blindbacken
150 g Vollkorn LEIBNIZ
4 EL Orangenmarmelade
10 Orangen
60 g Butter
1/2 TL Kardamom

1 Die Blätterteigplatten auf der bemehlten Arbeitsfläche auftauen lassen und mit einem Nudelholz ausrollen. Mit einem runden Ausstecher von ca. 12 cm Durchmesser 8 Törtchen ausstechen.

2 Nun 8 Tortelettförmchen mit ca. 10 cm Durchmesser fetten und mit dem Blätterteig auslegen. Den Teig mehrmals mit einer Gabel einstechen und mit Backpapier belegen. Die Trockenerbsen darauf streuen und 10 Minuten bei 210 °C (Umluft nicht geeignet; Gas Stufe 3–4) blindbacken.

3 Die Vollkorn LEIBNIZ grob hacken. Die Böden der Törtchen mit Orangenmarmelade bestreichen. 1/3 der Kekse darauf verteilen.

4 Die Orangen mit einem scharfen Messer schälen, dabei auch die weißen Häutchen entfernen. Die Orangensegmente aus den Trennhäuten lösen und abtropfen lassen.

5 Die Orangenfilets in die Förmchen schichten. Die restlichen Keksbrösel mit Butter und Kardamom verkneten und auf den Törtchen verteilen. Nochmals im Ofen bei gleicher Temperatur 5 Minuten überbacken.

INFO

Blindbacken ist das Vorbacken ohne Füllung. Es wird gemacht, damit der Teig flach bleibt und seine gewünschte Form behält. Dafür wird der Teig in die Form eingefüllt, mit gefettetem Papier oder Alufolie bedeckt und mit getrockneten Hülsenfrüchten beschwert. Die Hülsenfrüchte können wiederholt zum Blindbacken benutzt werden.

WALNUSSTORTE

Zubereitungszeit: ca. 45 Minuten
Kühlzeit: ca. 14 Stunden
Backzeit: ca. 15 Minuten

Zutaten für 1 Torte (ca. 14 Stücke):

100 g Akazienhonig
100 g Butter
1 mittelgroßes Ei
1 TL Zimt
1 Msp. Nelkenpulver
2 EL Rum
150 g Walnüsse
250 g Weizenvollkornmehl
1 TL Weinsteinbackpulver
1 Prise Salz
Mehl zum Ausrollen
Fett für die Form
200 g Joghurt
100 g Sahne
1 TL (ca. 2 g) Agar-Agar (Reformhaus oder Bioladen)
150 g Preiselbeergelee
50 g Vollkorn LEIBNIZ

1 In einer Schüssel 75 g Honig mit der Butter und dem Ei schaumig rühren. Gewürze, Rum und 50 g gehackte Walnüsse dazugeben. Mehl, Backpulver und Salz mischen und unterkneten. Den Teig in Folie wickeln und ca. 30 Minuten kalt stellen.

2 Anschließend den Teig auf der bemehlten Arbeitsfläche ausrollen und in eine gefettete Springform mit 24 cm Durchmesser legen. Mit einer Gabel den Boden mehrmals einstechen. Im vorgeheizten Backofen bei 200 °C (Umluft 180 °C; Gas Stufe 3) 15 Minuten backen. Den gebackenen Boden herausnehmen und auf einem Kuchengitter auskühlen lassen.

3 Den Joghurt mit der Sahne und dem restlichen Honig verrühren. Das Agar-Agar in 2 Esslöffel Wasser ca. 2 Minuten bei mittlerer Hitze köcheln lassen. Zügig in die Creme einrühren. Die Creme auf den Mürbeteigboden füllen und glatt streichen. Über Nacht kalt stellen.

4 Am nächsten Tag das Preiselbeergelee in einem kleinen Topf erhitzen und gleichmäßig auf der Torte verteilen. Dann die Torte nochmals kalt stellen. Vor dem Servieren mit den restlichen Walnüssen und den grob gehackten Vollkorn LEIBNIZ dekorieren.

VARIATION

Versuchen Sie statt der Walnüsse auch mal die amerikanischen Pekannüsse, früher ein wichtiges Nahrungsmittel der Indianer, das ihnen half, über die strengen Winter zu kommen. Diese sehr wohlschmeckende Nussart ist länglicher und dünnschaliger als die Walnuss und hat eine ideale Kombination von Mineralstoffen, Vitaminen und Eiweiß.

HONIGERDBEEREN
AUF LIMETTENQUARK-LEIBNIZ

Zubereitungszeit: ca. 25 Minuten

Zutaten für 6 Portionen:

1 unbehandelte Limette
150 g Speisequark (40 % Fett)
120 g flüssiger Honig
75 ml Milch
400 g Erdbeeren
12 Vollkorn LEIBNIZ
1 Bund Minze

1 Die Limette heiß waschen und gründlich abtrocknen. Mit einer Küchenreibe die Schale gut abreiben. Den Limettensaft auspressen.

2 In einer kleinen Schüssel Quark, 3 Esslöffel Honig, Limettensaft und Milch mit einem Schneebesen gut verrühren.

3 Die Erdbeeren waschen, putzen und in Scheiben schneiden. Die Minze ebenfalls waschen, trockenschütteln und 2/3 der Minze fein hacken. Die restliche Minze zum Verzieren beiseite stellen. Die fein gehackte Minze, den restlichen Honig und die Erdbeeren mischen und 15 Minuten ziehen lassen.

4 Die Vollkorn LEIBNIZ auf einer großen Platte ausbreiten. Erst mit dem Quark bestreichen, dann die Erdbeeren darauf verteilen und zuletzt mit der restlichen Minze verzieren.

INFO

Bei diesem Rezept wird Grüne Minze, eine Verwandte der Pfefferminze, verwendet. Da Minze so vielseitig ist, lohnt es sich, ein paar Pflanzen auf dem Balkon oder im Garten zu ziehen. Wenn Sie Spaß am Verzieren haben, versuchen Sie doch mal kandierte Minzeblätter: Nehmen Sie dekorative Minzeblätter, tauchen Sie sie in Eiweiß und bestreuen Sie sie mit feinem Zucker. Auf Butterbrotpapier oder Alufolie mindestens zwei Stunden trocknen lassen.

APFEL-VOLLKORNTARTE MIT ZIMT UND KARDAMOM

Zubereitungszeit: ca. 45 Minuten
Kühlzeit: ca. 30 Minuten
Backzeit: ca. 30 Minuten

Zutaten für 1 Tarteform (ca. 16 Stücke):

180 g kalte Butter
200 g Weizenvollkornmehl
70 g gemahlene Haselnüsse
3 mittelgroße Eier
1 Prise Salz
Fett für die Form
Mehl zum Ausrollen
150 g Vollkorn LEIBNIZ
400 g Äpfel
1 Vanilleschote
100 g Sahne
50 g Joghurt (3,5 % Fett)
2 EL flüssiger Honig
1 TL Zimt
1 TL Kardamom

1 Mit einem Messer 150 g Butter in Stückchen zerteilen. Die restliche Butter bei Raumtemperatur stehen lassen. Butterstückchen, Vollkornmehl, Haselnüsse, 1 Ei und Salz zügig zu einem glatten Teig verkneten. Den Teig 30 Minuten kalt stellen.

2 Eine Tarteform mit 26 cm Durchmesser einfetten. Den Teig auf der leicht bemehlten Arbeitsfläche ausrollen und in die Form legen. Mit einer Gabel den Boden mehrfach einstechen. Dabei den Rand leicht andrücken.

3 Die Vollkorn LEIBNIZ grob hacken und die Hälfte auf dem Teigboden ausstreuen. Die Äpfel schälen, vom Kerngehäuse befreien, in Spalten schneiden und fächerförmig auf den Teig legen. Die Vanilleschote aufschlitzen und das Mark herausschaben. Sahne, Joghurt, restliche Eier, Honig und Vanillemark verrühren und über die Äpfel gießen. Im vorgeheizten Backofen auf der unteren Stufe bei 180 °C (Umluft 160 °C; Gas Stufe 2) 30 Minuten backen.

4 Die restliche Butter und die verbliebenen Keksbrösel mit Zimt und Kardamom zu Streuseln verkneten. Die Streusel nach 15 Minuten Backzeit auf der Tarte verteilen und zu Ende backen. Dazu passt geschlagene Sahne.

VARIATION

Statt des Vollkornmehls kann auch das etwas aromatischere Dinkelmehl genommen werden. Dinkel ist ein Vorgänger des Weizens und aufgrund seines hohen Eiweißgehaltes sehr empfehlenswert.

BROWNIES

Zubereitungszeit: ca. 25 Minuten
Backzeit: ca. 40 Minuten

Zutaten für ca. 40 Stück:

120 g Zucker
180 g Mehl (Type 405)
100 g Kakaopulver
1 Prise Salz
1 TL Weinsteinbackpulver
250 g Butter
4 mittelgroße Eier
1 P. Vanillezucker
10 ml Ahornsirup
100 g Vollkorn LEIBNIZ
Fett für die Form
50 g Puderzucker

1 In einer Schüssel Zucker, Mehl, Kakao, Salz und Backpulver mischen. Die Butter in einem kleinen Topf erhitzen. In einer zweiten Schüssel die flüssige Butter, Eier, Vanillezucker und Ahornsirup mit den Schneebesen des Handrührgeräts cremig schlagen. Die Mehlmischung unterrühren. Die Vollkorn LEIBNIZ grob hacken und unter den Teig mischen.

2 Eine Form in der Größe 22 x 32 cm einfetten. Den Teig gleichmäßig in die Form streichen. Im vorgeheizten Backofen auf mittlerer Stufe bei 180 °C (Umluft 160 °C; Gas Stufe 2) 40 Minuten backen.

3 Aus dem Ofen nehmen und auf einem Kuchengitter abkühlen lassen. Mit Puderzucker bestäuben und in ca. 4 x 4 cm große Stücke schneiden.

VARIATION

Sehr gut schmecken die Vollkorn LEIBNIZ auch in dieser Brownie-Variante: 240 g Mehl, 20 g zarte Haferflocken, Backpulver, 1 Msp. Muskatnuss, Vanillezucker und eine Prise Salz in einer Schüssel verrühren. In der anderen Schüssel werden gemischt: 110 g flüssige Butter, 150 g Zucker, 1,5 EL Zuckerrübensirup (oder Ahornsirup), 1 Ei, 240 g Apfelmus. Die Mehlmischung und die grob gehackten Vollkornkekse rasch dazugeben und ca. 18 Minuten bei 170 °C backen.

FRUCHTIGE GEWÜRZSCHNITTEN

Zubereitungszeit: ca. 1 Stunde
Backzeit: ca. 20 Minuten

Zutaten für 1 Blech (20 Schnitten):

150 g getrocknete Aprikosen
100 g kandierter Ingwer
150 g Butter
150 g Zucker
3 mittelgroße Eier
60 ml Milch
250 g Mehl (Type 405)
2 TL Backpulver
je 1 Msp. Anis, Kardamom, Muskatblüte (Macis) und Nelken (gemahlen)
150 g gehackte Mandeln
2 EL Kakaopulver
20 Vollkorn LEIBNIZ
75 ml Cremelikör (z. B. Baileys)

1 Die Aprikosen und den Ingwer mit einem scharfen Messer fein hacken.

2 Die Butter und den Zucker mit den Schneebesen des Handrührgeräts schaumig schlagen. Die Eier nach und nach unterrühren. Dann die Milch hinzufügen. Zum Schluss das Mehl mit dem Backpulver mischen und unterrühren. Gewürze, Aprikosen, Ingwer, Mandeln und 1 1/2 Esslöffel Kakao untermischen.

3 Die Masse auf ein gefettetes Backblech streichen und im vorgeheizten Backofen bei 180 °C (Umluft 160 °C; Gas Stufe 2) 20 Minuten backen. Den Kuchen aus dem Ofen nehmen und auskühlen lassen.

4 Die Vollkorn LEIBNIZ gleichmäßig auf dem Kuchen verteilen und den Kuchen in 20 Schnitten schneiden. Jeden Keks mit dem Likör vorsichtig beträufeln, dabei aufpassen, dass die Kekse nicht zerfallen. Das restliche Kakaopulver auf die Schnitten streuen.

INFO

Frischer Ingwer mit seinem scharf-süßlichen Geschmack ist nicht nur enom vielseitig einsetzbar, sondern ihm wird auch eine sehr positive Wirkung auf die Gesundheit nachgesagt. Der kandierte Ingwer, wie er in diesem Rezept vorkommt, wird in England am Nachmittag zum Tee gereicht, vielleicht nicht nur wegen seines Geschmacks, sondern auch wegen seiner stoffwechselanregenden und kreislauffördernden Wirkung.

LEIBNIZ
LEIBNIZ
LEIBNIZ

WER KEKST MIT MIR?

Buntes (nicht nur) für Kids

Sie suchen noch eine kulinarische Überraschung für einen 4-Jährigen? Und für einen 40-Jährigen? Ist doch kein Problem! Schauen Sie rein in dieses Kapitel und werden Sie fündig. Für welchen von beiden die Kekslok besser geeignet ist, ist typabhängig. Auch das Clownsgesicht als kleines Mitbringsel kommt bestimmt bei beiden gut an. Und bei der Schatzkiste ist es sowieso ganz einfach, da brauchen Sie nur die Füllung entsprechend zu ändern.

CLOWNSGESICHTER

Zubereitungszeit: ca. 45 Minuten.

Zutaten für 20 Clownkekse:

150 g Puderzucker
2-3 EL Zitronensaft
je 3 Fruchtgummispaghetti (Erdbeer-, Lakritz-, Waldmeistergeschmack)
100 g Mini-Smarties (je nach Belieben auch mehr zum Verzieren)
1 P. Zuckerschrift
20 Butter LEIBNIZ

1 In einer kleinen Schüssel den Puderzucker mit dem Zitronensaft verrühren, bis eine gut streichbare Masse entstanden ist. Die Fruchtgummispaghetti in ca. 5 cm große Stücke schneiden. Smarties und Speisefarben bereitstellen.

2 Je 1 Butter LEIBNIZ mit dem Guss bestreichen, sofort die „Spaghettihaare" am oberen Rand aufkleben. Smarties als Augen aufkleben und mit den verschieden Speisefarben Nase, Ohren und Mund aufmalen. Alle Kekse fantasievoll unterschiedlich bemalen.

TIPP

Diese Clownsgesichter eignen sich auch hervorragend als Tischdeko für Geburtstage und Fasching. Zu Weihnachten und Ostern ändert man das Motiv entsprechend. Für Minimalisten: Wenn Ihnen eher Miniaturen am Herzen liegen, nehmen Sie doch mal die Minis.

SÜSSE TISCHKARTEN

Zubereitungszeit: ca. 30 Minuten

Zutaten für 8 Tischkarten:

150 g Puderzucker
2-3 EL Kirschsaft
16 Butter LEIBNIZ
100 g Zuckerkonfetti
1 P. Zuckerschrift

1 Den Puderzucker mit dem Kirschsaft in einer kleinen Schüssel verrühren, bis eine gut streichbare Masse entstanden ist. Die Butter LEIBNIZ mit einem Pinsel auf der Oberseite mit dem Guss bestreichen. Den Rand ringsherum sofort mit Konfetti bestreuen und trocknen lassen.

2 Die Namen der Gäste mit verschiedenfarbiger Zuckerschrift auf die Kekse schreiben. Dabei immer 2 Kekse mit demselben Namen beschriften. Die oberen Kanten der Butter LEIBNIZ auf der unbemalten Seite mit Zuckerschrift einstreichen und je 2 Kekse mit gleichem Namen kartenhausartig zusammenkleben, sodass sie stehen. Gut trocknen lassen.

TIPP

Diese Tischkarten eignen sich auch für die Erwachsenentafel und zwar gerade dann, wenn sich nicht alle Anwesenden kennen. Der Versuch, die mit Zuckerschrift geschriebenen Namen zu entziffern, ist ein nette Möglichkeit miteinander ins Gespräch zu kommen.

KEKSwhopper

Zubereitungszeit: ca. 30 Minuten

Zutaten für 10 Whopper:

150 g Puderzucker
2-3 EL Kirschsaft
20 Butter LEIBNIZ
50 g bunte Zuckerstreusel
150 g Marshmallows

1 In einem kleinen Topf den Puderzucker mit dem Kirschsaft verrühren, bis eine gut streichbare Masse entstanden ist. Die Hälfte der Butter LEIBNIZ auf der Oberseite damit bestreichen. Zügig mit den Zuckerstreuseln bestreuen.

2 Die Marshmallows ca. 1 Minute von jeder Seite in einer trockenen Pfanne rösten. Die unbemalten Kekse mit den Marshmallows belegen und die Zuckerstreuselkekse darauf legen.

INFO

Wissen Sie eigentlich, was Marshmallows sind? Diese nicht nur in England und Amerika so heiß geliebte Süßigkeit besteht aus Zucker, Gelatine, Farb- und Süßstoffen, also wie so viele andere Süßigkeiten auch. Ihre Beliebtheit liegt in dem ganz besonderen Mundgefühl: weich, zäh-elastisch, süß – einfach einzigartig!

KEKSzug

Zubereitungszeit: ca. 2 Stunden

Zutaten für 1 Kekszug (1 Lok + 3 Waggons):

250 g Puderzucker
4-5 EL Zitronensaft
21 Butter LEIBNIZ
150 g kleine Zucker-Dekorblumen oder Zuckerkonfetti
400 g Fruchtgummi-Lakritz-Mischung

TIPP

Vielleicht geht diese Bastelarbeit am besten zu zweit, aber mit ein paar mehr Leuten wird der Spaß noch größer werden! Und wer hat denn gesagt, dass so ein Zug nur aus drei Waggons bestehen darf ...

1 Den Puderzucker mit dem Zitronensaft so verrühren, dass eine gut streichbare Masse entsteht. 16 Butter LEIBNIZ mit dem Guss bestreichen und sofort mit Zuckerblumen (oder Zuckerkonfetti) bestreuen (am besten geht das zu zweit: der eine streicht die Kekse ein und der andere bestreut den noch nicht erhärteten Guss). Anschließend den Guss vollständig trocknen lassen.

2 Um den Kekszug zusammenzubauen, brauchen Sie eine stabile Unterlage. Für die Lok 1 unbemalten Butter LEIBNIZ als Boden verwenden. 3 bemalte Kekse an den Rändern mit dem Guss einstreichen und zu einer Kiste mit 3 Wänden (1 Rückenwand, 2 längliche Seitenwände) zusammenfügen. Gut trocknen lassen. 1 bemalten Keks quer als Dach aufsetzen. Ein Fruchtgummi als Fahrersitz heraussuchen.

3 Aus 1 unbemalten Butterkeks eine Lehne herausbrechen und zur Hälfte mit Puderzuckerguss bestreichen. Die Lehne ankleben. 1 Gummibärchen auf dem Fahrersitz platzieren.

4 1 rundes Fruchtgummi mit Lakritzkern als Schornstein auf das Dach setzen. Die restlichen runden Fruchtgummis in 18 dünne Scheiben schneiden. Davon 6 Scheiben als Räder für die Lok auf einer Seite

mit etwas Guss bepinseln und ankleben (die restlichen Scheiben als „Räder“ für die Waggons benutzen).

5 Für die Waggons je 1 unbemalten Boden und je 4 Wände zu einer Kiste zusammenbauen (das heißt für 3 Waggons 3 unbemalte und 12 bemalte Kekse). Dabei wieder den Guss als Kleber benutzen. Auf jeden Waggon 4 Räder kleben.

6 Die Lok und die Waggons mit den länglichen, runden Lakritzstangen verbinden. Dafür die Lakritzstangen an den Enden mit dem Guss bestreichen und zwischen die Waggons kleben. Die getrockneten Waggons mit der restlichen Fruchtgummimischung füllen.

KUCHENHAUS MIT ROTEM LEIBNIZDACH

Zubereitungszeit: ca. 1 Stunde
Backzeit: ca. 1 Stunde
Kühlzeit: ca. 30 Minuten

Zutaten für 1 Haus:

250 g Butter
400 g Puderzucker
1 Prise Salz
1 P. Vanillezucker
abgeriebene Schale von 1 Zitrone
6 mittelgroße Eier
350 g Mehl (Type 405)
1 TL Backpulver
625 ml Milch
130 g Zucker
2 EL Kakaopulver
Fett für die Form
2 EL Waldmeistersirup
1 Tube gelbe Zuckerschrift
1 P. Puddingpulver Vanille
2 EL Kirschsaft
150 g LEIBNIZ Minis Butter

1 Butter, 125 g Puderzucker, Salz, Vanillezucker und Zitronenschale mit den Schneebesen des Handrührgeräts schaumig rühren. Die Eier trennen.

2 Nach und nach die Eigelbe zu der Buttermasse geben. Das Mehl und das Backpulver mischen und abwechselnd mit 125 ml Milch unter die Masse rühren.

3 In einer kleinen Schüssel 3 Eiweiße steif schlagen, dabei den Zucker einrieseln lassen. Den Eischnee mit dem Rührbesen unter den Teig heben. Den Teig halbieren und unter die eine Hälfte den Kakao mischen.

4 Beide Teigmassen abwechselnd in Schichten in eine gefettete Kastenform mit 30 cm Länge (1 ½ l Inhalt) füllen. Im vorgeheizten Backofen bei 170 °C (Umluft 150 °C; Gas Stufe 1–2) 1 Stunde backen.

5 Den Kuchen herausnehmen, auf einem Gitter auskühlen lassen und stürzen. Mit einem langen Messer aus der gesamten Länge des Kuchens ein Dreieck herausschneiden (siehe Foto; dieses Dreieck wird dem Haus später als Dach aufgesetzt, der entstehende Freiraum im Kuchen wird in Schritt 7 mit Pudding ausgefüllt).

6 100 g Puderzucker mit dem Waldmeistersirup verrühren. Den Kuchen mit dem Waldmeisterguss bestreichen. Mit gelber Zuckerschrift Fenster aufmalen und trocknen lassen.

7 Inzwischen 2 Esslöffel kalte Milch, Vanillepuddingpulver und 30 g Zucker verrühren. Die restliche Milch aufkochen und das Puddingpulver unter Rühren in die Milch geben. Den Pudding etwas abkühlen und fest werden lassen und ihn dann in den ausgehöhlten, dreieckigen Leerraum des Kuchens füllen. Ca. 30 Minuten kalt stellen.

8 Zum Schluss 150 g Puderzucker mit dem Kirschsaft verrühren. Die LEIBNIZ Mini mit einem Pinsel mit dem Guss bestreichen. Das herausgeschnittene Kuchendreieck als Dach auf den Kuchen setzen und mit dem Guss bestreichen. Zügig die Kekse als Dachziegel auf dem Dach anbringen. Mit dem restlichem Puderzucker bestäuben.

SCHATZKISTE

Zubereitungszeit: ca. 1,5 Stunden

Zutaten für 1 Kiste:

100 g weiße Kuvertüre
6 Butter LEIBNIZ
30 g bunte Zuckerstreusel
100 g bunte Bonbons
2 Fruchtgummispaghetti

1 Die weiße Kuvertüre zerkleinern und über einem heißen Wasserbad schmelzen. Mit einem Pinsel ca. 3 Esslöffel flüssige Kuvertüre auf die Oberseite von 6 Butter LEIBNIZ auftragen und diese sofort mit den Zuckerstreuseln bestreuen (am besten geht dies zu zweit: der eine streicht die Kuvertüre auf und der andere verziert die Kekse). Anschließend die Kekse erkalten lassen.

2 Die restliche Kuvertüre nochmals über einem heißen Wasserbad schmelzen. 1 Butter LEIBNIZ als Boden an allen Rändern mit Kuvertüre einpinseln. 4 Butterkekse für die Wände an den kürzeren Rändern einstreichen und die 5 Kekse zu einer offenen Kiste zusammenbauen (der restliche Keks ist der Deckel). Erkalten lassen.

3 In die erkaltete Kiste die Bonbons füllen und den letzten Butter LEIBNIZ als Deckel darauf setzen. Vorsichtig die Fruchtgummispaghetti als Geschenkband um die Kiste wickeln.

VARIATION

Natürlich können Sie dieser Schatztruhe auch einen edlen Touch geben: Mit weißem Zuckerguss und Goldfolie ist es dann die richtige Verpackung für die etwas wertvolleren, kleinen Geschenke ...

HINWEISE ZU DEN REZEPTEN

Garprobe

- Um festzustellen, ob der Kuchen gar ist, stechen Sie mit einem dünnen Holzstab an der höchsten Stelle in den Teig. Bleibt daran noch Teig haften, muss der Kuchen noch etwas weiter backen. Er ist erst gut, wenn der Holzstab teigfrei bleibt. Achtung: Wenn der Kuchenteig Schokolade enthält, kann es so aussehen, als wären noch Teigreste an dem Holzstab obwohl es in Wirklichkeit nur die Schokolade ist.
- Nachdem die Garprobe gezeigt hat, dass der Kuchen gut ist, das Gebäck noch 5 Minuten in der Form ruhen lassen. Danach den Kuchen auf ein Kuchengitter stürzen. Löst sich der Kuchen nicht aus der Form, kann man ein kaltes, feuchtes Handtuch über die Backform legen. Lassen Sie das Gebäck immer auf einem Kuchengitter auskühlen, damit sich unter dem Kuchen kein Kondenswasser bildet und den Kuchenboden aufweicht.

Backtemperatur und -zeit

In den Rezepten werden die Backtemperaturen jeweils für Gas-, Umluft- und Elektroherd angegeben. Die damit verbundene Angabe der Backzeit kann aber nur als Richtwert angesehen werden, da sie von verschiedenen Faktoren abhängig ist. Je nach Backofenhersteller, Alter des Backofens und Material der Backform wird diese Zeit etwas unterschiedlich ausfallen. Daher ist es ganz wichtig, dass Sie mit der Garprobe den richtigen Zeitpunkt bestimmen.

Eischnee schlagen

Eischnee wird nur fest, wenn Geräte und Eiweiße völlig fettfrei sind, es darf also zum Beispiel kein Eigelb (fetthaltig!) mit hineingeraten. Schlagen Sie die Eiweiße mit den Rührbesen des Handrührgeräts zunächst auf niedriger, dann auf höchster Stufe. Wenn der Eischnee nicht fest wird oder wenn es schneller gehen soll, geben Sie einige Tropfen Zitronensaft oder eine Prise Salz hinein. Eischnee muss sofort weiter verarbeitet werden, da sich sonst flüssiges Eiweiß absetzt. Eischnee kann nicht ein zweites Mal aufgeschlagen werden.

Strudel zubereiten

1 Ein großes Tuch ausbreiten und es dünn mit Mehl bestäuben. Den Teig erst mit der Hand strecken, dann mit dem Nudelholz ausrollen.

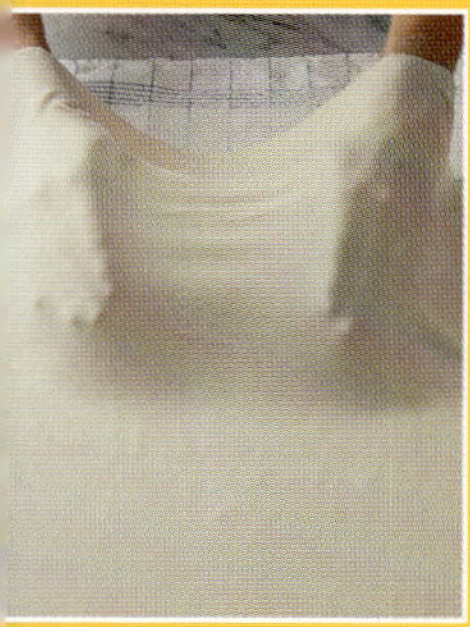

2 Den Teig mit den Fingerspitzen anfassen und vorsichtig in die Länge und Breite ziehen. Danach den Teig über die Handrücken legen und möglichst gleichmäßig dünn ausziehen. Man sollte das Muster des Tuches durch den Teig erkennen können.

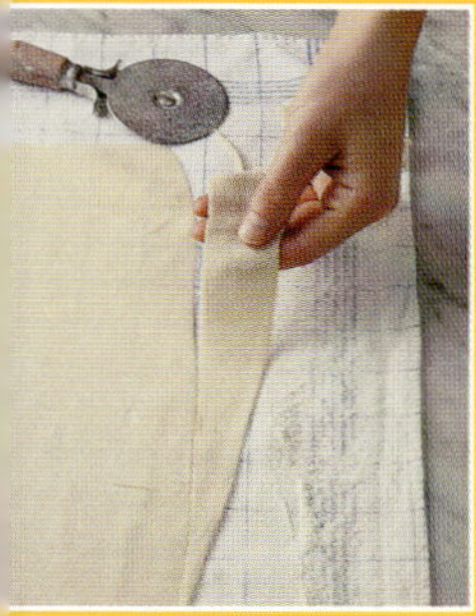

3 Die dickeren Teigränder an den Seiten abschneiden.

4 Die Füllung auf dem Teig verteilen, die Ränder freilassen. Die Ränder der kurzen Seiten über die Füllung klappen, die Ränder der Längsseiten mit Wasser befeuchten.

5 Den gefüllten Strudel mit Hilfe des Tuches aufrollen.

Abkürzungen

g = Gramm
kg = Kilogramm (1000 g = 1 kg)
ml = Milliliter
l = Liter (1000 ml = 1 l)
Msp. = Messerspitze
TL = Teelöffel, gestrichen
EL = Esslöffel, gestrichen
z.B. = zum Beispiel
°C = Grad Celsius
cm = Zentimeter
P = Päckchen

Kleine Mengen

1 gestrichener Teelöffel

= 3 g Backpulver
= 5 g Margarine oder Butter
= 5 g Salz
= 3 g Stärkemehl
= 2 g Zimt
= 5 g Zucker
= 5 ml Flüssigkeit

1 gestrichener Esslöffel

= 10 g Margarine oder Butter
= 20 g Honig
= 20 g Konfitüre
= 10 g Mehl
= 5 g Paniermehl
= 20 g Quark
= 12 g Salz
= 6 g Stärkemehl
= 15 g Zucker
= 15 ml Flüssigkeit

1 Tasse

= 125 ml Flüssigkeit
= 100 g Mehl
= 150 g Zucker

REZEPTVERZEICHNIS NACH RUBRIKEN

ALPHABETISCHES
REZEPTVERZEICHNIS

IMPRESSUM

Dieses Buch wurde auf chlorfrei gebleichtem und säurefreiem Papier gedruckt.

Der Text dieses Buches entspricht den Regeln der neuen deutschen Rechtschreibung.

ISBN 3 8094 1540 5

Umschlaggestaltung: Peter Udo Pinzer
Layout: Martina Eisele, München
Rezeptentwicklung: Claudia Seifert, Hamburg
Einleitung: Claudia Boss-Teichmann, Bonn
Lektorat: Heike Pressler, München
Redaktion: Anja Halveland
Rezeptfotos und Kapitelaufmacher: Carsten Eichner, Hamburg
Foodstyling: Pio, Hamburg
Weitere Fotos im Innenteil: Bahlsen GmbH & Co. KG, Hannover: S. 4, 5, 6 und 7; FALKEN Archiv: M. Brauner (S. 10), W. Feiler (S. 70), U. Kopp (S. 34, 40 und 60), A. Schliack (S. 44), TLC (30, 74 und 93)
Satz: red.sign, Stuttgart
Reproduktion: Lithotronic, Frankfurt
Druck: Mohnmedia GmbH, Gütersloh

76910102X817 2635 4453 6271